하늘 사역

하늘 사역

장태봉 제2시집

그린아이

시집을 내면서

첫 번째 시집 『비옥한 반달』을 내고 3년 만에 두 번째 시집 『하늘 사역』을 출간할 수 있도록 인도하신 주님께 모든 영광을 드립니다.

34년간의 목회생활을 마치고 정년 은퇴한 후 15년 동안의 삶은 하루하루 감사가 넘치는 삶이었습니다.

매년 여러 차례 해외로 선교여행을 다녀오면서 신문에 여행기를 남겼던 일, 한국교회신보 이사장을 4년간 역임하면서 개혁을 이루며 흑자시대로 바꾸어 놓았던 일, 역사 바로세우기운동의 하나로 서대문형무소역사관 복원추진위원장으로 8년간 활동하면서 몇 가지 목적을 달성했던 일, 대신은퇴원로목사회 회장 3년간 역임, 그리고 현직 명예회장으로 섬긴 일, 푸른초장문학회(대신문학회) 회장으로 10년간 역임하면서 활동한 일, 선교지에 선교용품을 보내는 사역을 감당하고 있는 한빛선교회 이사장으로 12년간 활동한 일, 은퇴 15년이 지났는데도 후배 목회자들이 강단에 초청하여 말씀을 전함으로 영성을 지켜갈 수 있는 일 등은 주님께서 힘주시지 않으면 불가능한 일입니다.

팔순 중반을 넘다 보니 가장 중요한 것이 건강이라고 여겨집니다. 건강을 잃으면 영성, 지성도 쓸모가 없으며 일상생활을 할 수 없는 것이 현실입니다.

더욱 감사한 것은 매주 서너 차례 라이딩을 즐기고 있으며, 연희동 뒷산 안산 산행도 매일 하다시피 하고, 아직도 자가용으로 가고 싶은 곳에 다닐 수 있다는 것, 이 모든 것이 주님의 크신 은혜입니다.

이러한 생활 속에서 매주 두 편 이상 시를 써 오면서 습작했던 평소의 생활이 이번에 제2시집 출간으로 이루어진 것도 감사한 일입니다.

시집의 작품 해설을 써주신 김지원 목사님께 감사드립니다. 그리고 아름다운 책으로 만들어주신 도서출판 그린아이 대표 이영규 장로님께도 감사드립니다. 55년 동안 묵묵히 내조해준 아내 이정순에게도 고마움을 드립니다.

시집을 읽는 독자들마다 하나님의 은총이 함께하시기를 기원합니다.

2025년 여름 연희동 서재에서
장 태 봉 목사

차례

시집을 내면서 4

|제1부|
베오그라드의 꿈

세르비아 스페인 광장 12
베오그라드의 꿈 13
도나우강의 야경 14
쇤부른 궁전의 영광 16
하늘 사역 18
갈릴리 호수 19
예루살렘 사랑 20
호렙산 22
나일강 24
페트라 26
여리고 28
겟세마네 동산교회 30

| 제2부 |

봄은 어디까지 왔을까

고향친구 생각 32

목련꽃 34

새해의 기도 35

봄은 어디까지 왔을까 36

시작하는 겨울 37

6월이 오면 38

헨리 키신저 39

나무 십자가전 40

강득신 팔순 잔치 42

어머님 생각 44

차례

| 제3부 |

안산의 가을

한강 라이딩 46
한강 고수부지 라이딩 48
행주산성 라이딩 50
북한산 파노라마 카페에서 52
억새풀 축제 54
마장호수 출렁다리 55
안산鞍山의 가을 56
안산의 아침 산책 57
안산 산행 58
안산에 오르며 60
늦가을 안산 62
홍제천 폭포 63
안성 팜랜드 64
선녀바위 66
천일홍 축제 68

|제4부|

천년의 숲 비자림

도담삼봉 70

웅아지골 산장 72

하조대 74

남창계곡 75

퍼플교 76

증도 여행 78

이수섬에서 79

서귀포 첫날 80

가파도 여행 81

성산 일출봉 82

성산의 유채꽃밭 84

성읍 민속촌 85

천년의 숲 비자림 86

문준경 전도사 88

차례

|제5부|
투병 일기

투병 일기 90
여섯 번째 항암주사 92
암에서 승리하리라 94
암과 싸워 승리하기까지 96
영원한 대신교단 99
대한신학 32회 졸업 43주년 잔치 102
우붕해 집사님 영전에 드리는 조시 105

|작품 해설| 실낙원에서 복낙원에 이르는 간극間隙
　　　　－김지원(시인, 전 한국크리스천문학가협회장) 109

제1부
베오그라드의 꿈

세르비아 스페인 광장

천년 고도
세르비아 스페인 광장
고풍스런 돌길을 따라
햇살이 부드럽게 내려앉고
분수의 물방울이 반짝이며
오래된 이야기를 속삭인다

쌍두마차 편으로
천년의 꿈길을 걷노라면
대항해시대의 영광을 보는 듯하네

리베로 아메리카 박람회장은
100년이 넘었는데도
화려함이 그대로 남아 있다

스페인이여
세르비아여
찬란했던 영광만 자랑하지 말고
미래로 세계로 새 일을 창조하거라.

베오그라드의 꿈

강물은 여전히 흐르고
바람은 노래하며
상흔 어린 돌담 위로
햇살이 내려앉는다

권력이 무엇이고
민족주의가 무엇이더냐
5년전쟁으로 십만이 희생되고
고향을 떠난 자 부지기수
그 책임은 누가 질 것인가

아물지 않은 상처 속에 나라를 세운 지 10년
다시는 이 땅에 총성이여 물러가라
발칸의 화약고란 말도 영원히 사라지거라

총성 대신 아이들의 웃음소리
서로 포옹하며 사랑이 스며든다면
보스니아의 하늘 아래
영원한 평화가 피어나리.

도나우강의 야경

부다페스트에
어두움이 내리다 보면
도나우강물 위로
황금빛이 반짝이고
유유히 흐르는 강물 위로
도심의 꿈이 살아나며
오가는 배들마저
환한 밤 옷으로 갈아입는구나

다리를 스치는 바람 속에
부다페스트의 추억이 속삭인다

도나우의 보석이
부다페스트가 아닐지라도
도나우강의 야경에
매혹당하지 않을 자 있을까

도나우강변을 걸으며 설레이는 마음은
청춘으로 되돌아간 듯

너와 즐기는 시간도 잠깐
다시 만날 기약도 못 하고
돌아서는 발걸음이 아쉽구나
아듀 내 사랑
도나우강이여.

쇤부른 궁전의 영광

합스부르크 왕가의
칠백 년 역사가
쇤부른 궁전에
고스란히 남아 있구나

황금빛 아침이 깨어나면
궁전의 창마다
햇살은 춤을 추고
대리석 계단 위에 스며드는 빛
시간마저 고요히 머물고 있다

삼백 년 세월이면
묻혀버릴 만도 한데
후대로 갈수록
존경받는 이유를 알고 있는가

노예제도를 폐지하고
고문과 사형제도를 없애며
복지와 교육제도를 세워놓았다니

주님을 섬겼던
그 신앙이 아니면 가능했을까
세상은 유한하나
하나님의 세계는 영원무궁함을
쉔부른 궁전을 찾는 순례자들에게
오늘도 교훈을 말해 주고 있구나.

하늘 사역

막탄에 부는 성령의 새바람
새 일을 행하게 하시는 이가 여호와시니

한 생명을 천하보다 귀하게 여기셨던
그 사랑으로 사랑원*을 세웠느니라

사무엘처럼 주 앞에서 자라게 하시고
하늘 만나로 먹여 주시니
여호와의 군사로 자라고 있느니라

이들이 군병 되어
막탄과 세부 그리고 칠천팔십 섬을
복음화시키리라

생기야 들어가라
큰 군대 되어라
여호와를 기쁘시게 하는
일꾼으로 자라나거라.

*사랑원 : 송도가나안교회(김의철 목사)가 세부 막탄에 세운 고아원.

갈릴리 호수

지는 석양으로
붉게 물든 갈릴리가 황홀하기만 하다

잔물결 넘실거리는
황금빛 파도는 주님의 사랑이어라

바람결에 들려오는 파도소리는
물결이 아니라 주님의 음성이구나

내가 너를 용서하리라
너를 붙들리라
일꾼 삼아주리라

물결 너머로 내 손 잡아주시는
주님 앞에 무릎을 꿇나이다

내가 주님을 사랑하는 줄
주께서 아시나이다
내 양을 먹이라
내 양을 치라.

예루살렘 사랑

신과 인간이
소통을 이루었던
성스러운 도시
지상에서 가장 귀한
역사가 일어난 땅

세상 죄를 지고 가셨던 도시
십자가와 부활로 구속을 이룬
예루살렘 사랑이로다

이번 순례길에는
갈릴리에서 주 음성 들으며
여리고 베다니에서
사랑을 확인하리라

겟세마네 동산에서는
깨어 기도할 것이며
골고다에서는
무릎을 꿇으리라

승천당에서는
분부하신 말씀에
아멘으로 화답하면서
예루살렘을 사랑하리라.

호렙산

여호와의 산 2285고지
게벨무사에 오르는 길은
새벽부터 시작되었다

밤하늘에 별들만 총총하고
등산로를 더듬듯이 기어올랐다

오르면 오를수록 넓어지는 밤하늘
먼 데 살던 별들까지 다 모여들어
우리들을 맞이한다

별들과 이야기하는 동안 정상에 다다르자
먼동이 터오르며
각양각색 바위들이 붉게 물들고
맨살을 드러낸 모습이 신비스럽기만 하다

4천 년 전 이 산에 올라
야웨의 십계명을 받았던 그 자리에
무릎을 꿇고 두 손을 모았다

여기 알곡 삼십삼 명
호렙에 올랐사오니
당신의 영으로 충만케 하소서
능력의 지팡이를 내려주소서
마지막 사명길에 모세 같게 하소서.

나일강

빅토리아 호수에서 시작하여
수단 카툼을 지나
아스완을 거쳐온
외줄기 일만리 도착한 물결이
카이로를 적시고 있다

사천 년 전
갈대 상자에 모세를 띄웠던
그 강
오늘도 유유히 흐르는 모습이
예나 다름없고
순례길에 찾아온 우리를
유람선으로 맞이한다

이곳에서 건져낸 모세가
당신의 뜻을 이루시듯
우리를 건져주소서
말씀의 능력으로 채워주시사
당신의 도구로 삼아주소서

기적을 이룬 모세처럼
우리 모두 당신의 일꾼 되어
세상을 살리는 종이 되게 하소서.

페트라

석회암 바위들이
형형색색 기묘한 모습으로
다들 모여들었다

광장으로 이어지는 협곡 100m 골짝 사이로
언뜻언뜻 보이는 파란 하늘을 보며
감탄이 절로 난다

씨크가 끝나는 광장에 들어서면
엘 카이나 보물 신전이
햇살을 받으며 우리를 맞이한다

바위 절벽을
까고 다듬고 세워진
돌기둥 여섯 개가 신전을 떠받치고
아름다운 장식으로
외벽을 꾸민 모습이 신비하구나

삼천 좌석의 야외극장
왕궁과 공공건물, 주택과 묘지까지
사천 점이 넘는 유물 속에
나바트인들의 숨결소리가 들려온다

왕의 대로에서 중계무역으로 부를 이루고
다메섹에서 아라바까지 세력을 자랑했지만
세상은 유한하나
하나님의 나라는 영원무궁함을
폐허가 된 페트라가
오늘도 증언하고 있구나.

여리고

저 건너 느보산이 구름을 잔뜩 머금고
그 사이로 동이 터온다
밤새 깊은 잠을 자던
대추야자나무가 눈을 비비고
쿰란도 기지개를 켜자
사해바다도 잠에서 깨어나
얼굴을 내민다

삭게오를 구원시키시고
바디매오의 눈을 뜨게 하신 당신의 사랑이
아직도 여리고에 머물러 계시고,
순례자 서른세 명
당신의 숨결 소리 들으며
첫날 밤부터 임마누엘 함께하시네

당신이 가셨던 그 길
유대광야 따라 우리도 갈 것입니다
십자가와 부활로 승리하신 예루살렘에서
당신의 사랑을 체험할 것입니다

아무든지 나를 따라오려거든
자기를 부인하고
자기 십자가를 지고 나를 따르라
분부하신 명령 앞에
아멘으로 화답하겠습니다.

겟세마네 동산교회

동산 기념교회 경내는
거룩한 침묵이 감돌고
순례객들의 발걸음도 경건하구나

부겐빌라 분홍 꽃이 담장을 두르고
은은히 풍기는 향기마저 성스럽기만 하다

2천 년 전
주께서 기도하시며 쉬셨던 감람나무
밑기둥은 갈래갈래 고목인데도
잎만은 푸르르게 젊디젊구나

시험에 들지 않게 깨어 기도하라
끝내 기도하지 못하고
주님 부인한 베드로
오늘 순례길에
우리가 큰 교훈을 삼으리.

| 제2부 |

봄은
어디까지 왔을까

고향친구 생각

안산 자락에 아지랑이가 손짓하며
봄소식을 전하고 있구나
뭉게구름 흘러가는 방향으로 가면
오백 리 밖
내 고향 팥죽거리

논밭이며 산과 들
길가 모두가
팥죽 색깔로 도배한 듯
전해져 내려오는 옛말 그대로
팥죽거리라

물새가 바삐 날고
뜸북새 소리 들으며
우렁 잡고 미꾸라지 잡던
고향 친구들
오늘따라 더 보고 싶구나

높은 집에 살던
창원이는 십 년 전에
입종이는 오 년 전에
소천했다지
서당골 봉무쟁이
개사리에 살던 그 친구들

그 흔한 카톡
주고받지 못하고
늙어가고 있으니
구십 가까운 나이에
오일장이라도 잘 다니고 있는지
보고 싶은 팥죽거리
고향 친구들
아!
그리워라.

목련꽃

봄밤이 아직 깊은데
창문가에 환한 빛 한 줄기
초승달이 내려앉았나

창문 너머 웃고 있는
목련화였네

반기는 이 없는데
누굴 보이려고 단장했는가

잠 못 이루는
시름 덜어주려고
창가에 걸터앉은
사랑의 손길이어라.

새해의 기도

주님
2025년 새해엔
주님 가시는 길에
나도 가게 하시고

주님 손길 닿는 곳에
내 손길도 닿게 하시며

주님 마음 있는 곳에
내 마음도 있게 하시고

주님 바라보는 그곳을
나도 바라보게 하소서

주님과 동행하는
한 해 되게 하시고

주님 사랑하는 마음이 가득한
새해 되게 하소서.

봄은 어디까지 왔을까

우수 절기에 봄비 맞으며
나무에 물오르는 소리
들리지 않았던가

대지도 기지개를 켜고
매화향기 맡으며
목련화 활짝 핀
꽃을 볼 날도 멀지 않았는데

폭설로 나뭇가지가 휘어지면서
물오르다 멈춰 버린 모습

아, 봄은
어디까지 왔을까.

시작하는 겨울

앙상한 나뭇가지가
겨울을 알리고 있다
벌거벗은 몸으로
엄동설한의 추위를
견디어야 하는
너를 응원하노라

너에게서 새잎이
피어나는 그날
소리 내어 웃으면서
역경을 이겨낸
너를 사랑하리라

사월의 그날 기다리며
너를 위해 기도하리라.

6월이 오면

나라 사랑으로
젊은 피 냇물처럼 흘렀던 역사를
잊어서는 안 되느니라

민족상쟁의 아픔
70년 세월의 상처
치료할 길 없는 상황 속에서
아아 잊으랴
어찌 우리 이날을

유년이 노년 되도록
통일을 염원하는 기도의 응답은
언제쯤 이루어질까

6월이 오면
나라 사랑 결심을 다지며
젊은 피 잊지 않고
오래오래 기억하리라.

헨리 키신저

미소 데탕트와
미중 수교로
세계사 흐름을 바꾸어 놓았던
국무장관 키신저

젊은이 못지않게
왕성하게 활동하며
'AI 시대'
'우리 인간의 미래'
출간했다네

호기심과 사명감
강한 의지와
근면과 열정이 장수의 비결로
하자 주자 배우자가
장수의 삼 원칙이 되어
실천하며 살아간 100세 인생으로
지구촌 모두는 축하드리고 있네.

나무 십자가전

여덟 번째 축제의 장은
눈물과 땀과 피로 얼룩진
십자가의 길이었다

십자가 나무 찾아
삼만리 길
그 사랑 전하려고
기돗길 40년 세월

삼백년 금강송에
오동나무 버드나무
노간주나무도
다들 모여들었네

사랑의 손길로
자르고 다듬고
깎고 붙이고
세우다 보면

십자가의 사랑과
부활의 상징으로
영혼 살리는 길이 되었네

사순절을 지나 고난주간
부활절로 이어지면서
십자가의 사랑이 넘쳐나기를.

강득신 팔순 잔치

스미스코너 타자기를 두드리며
신기한 모습으로 수업받던
팽나무 추억이
아 칠십 년 세월

교사로 봉직하며
교장을 거쳐
국무총리상도 받고
정년 은퇴한 당신은
진정한 페스탈로치

이마에 주름살이 깊고
백발에 허리는 굽었지만
팔순 잔치 모임에
친구를 찾아가는 마음은
중삼 소년
그때나 다름없구나

친구야
항상 건강해라
자주 만나지는 못해도
카톡으로 안부 전하자
영원한 동기동창
강상* 36기
강득신 팔순 만세!

*강경상고.

어머님 생각

아카시아꽃 피는 오월이 오면
뻐꾸기 소리에 실려
날아온 향기 맡으며
어머님 생각에 잠겨본다

작은 바람 소리에도
생각나는 어머님 얼굴
멀리서도 느껴지는 그 온기와
사랑의 손길
시간이 흘러도 변함이 없네

어머님 품은
영원한 안식처가 되고
쉼터가 되네
오늘도 어머님 사랑 그리워
고향으로 흘러가는
뭉게구름 편으로 문안드린다

기체후 일향만강하소서.

| 제3부 |

안산의 가을

한강 라이딩

반만년 역사의 증인 되어
흘러가는 물
고이 품으며
물속에서 속삭이는
그 소리 들어보았나

숱한 흥망성쇠가 반복되어도
배달 민족의 젖줄로
대한을 이뤘노라

네가 가는 곳마다
생명을 소성시키고
기름지게 하더니
한강의 기적으로
나라의 위상을 높였느니라

이제는
민족의 소망을 싣고
흐르고 흘러

바다에서 하나 되듯
통일로 하나 되어
민족의 영광을 빛내보자

오늘도
힘차게 흐르는
한강물 곁에서
기도를 드리면서
페달을 힘차게 밟으며
한강변 라이딩을
즐겨보노라.

한강 고수부지 라이딩

서울의 자랑
대한의 젖줄
아름다운 한강을
라인강이나 세느강에 비길쏘냐

반만년 역사를 품에 안고
유유히 흐르는 물결 속에
한강의 기적은
세계 7대 강국이 되었느니라

이천사십년에는
거츠(GUTS)가 되어
4대 강국으로 오른다는 것이
미래학자들의 예언이니라

대한이여 일어나라
세계로 미래로 뻗어가며
한강의 기적을 다시 이루자

힘차게 페달을 밟으며
나라 사랑하는 염원으로
한강변을 달려보자.

행주산성 라이딩

국민이 나라 걱정 안 해도
잘되는 대한민국 되기를 기도하며
행주산성으로 라이딩을 향했다

한강물 힘차게 흐르는 방향으로
단숨에 산성에 올라섰다

1592 임진년 4월 15일에
동래성이 함락되고
5월 2일에
한양이 넘어갔다니
관군은 무엇을 했단 말이냐

왜군이 점령한 한양성
임금은 피란 가고
궁궐은 소각되며
백성들의 울음소리
하늘을 찔렀단다

1년 후
4월 18일
권율 장군의 행주대첩 승리로
왜군이 서울에서 퇴각했다니
아, 권율 장군 행적을 더듬으며
이 시대의 권율은 누구일까.

북한산 파노라마 카페에서

도심을 벗어난
북한산 자락
푸른 숲이 바위산을
마주 보며 속삭이고

햇살을 머금은 능선 자락에서
골짜기 따라 흐르는 물소리가
도심에 찌들었던 마음을 씻겨주며
또 하나의 시가 탄생하네

북한산의 장엄한 모습 속에
잠시 머물러 서서
숨을 고르다 보면
내 마음도
하나의 작은 산봉우리가 되어
자연과 조화를 이루네

깎아지른 바위로 둘러싸인
인수봉 자락을 바라보노라면

나는 한없이 작아지고
내 마음에
평화로움이 깃드네.

억새풀 축제

하늘공원
넓은 광장을 메운 억새풀이
햇살을 즐기며
은빛 물결로 넘실거린다

끝없이 펼쳐진 하늘 아래서
억새풀들의 노랫소리에 빠져들었다

가늘고 여린 몸짓으로
춤추는 춤사위를 보는 순간
발끝에 머물던 시름들이
일순간에 사라진다

확 트인 하늘공원 바라다보면
자연 앞에서
마음의 쉼과
평온을 느껴본다.

마장호수 출렁다리

마장호수 물빛 위로
발걸음을 내디딘다
한 걸음씩 조심스럽게 걷다 보면
깊은 호수의 숨결이 내게로 다가와
숨을 멈추게 하는 듯

익어가는 가을은
물든 단풍을 만들어 놓고
먼산 그림자가
출렁다리를 따라 흐르며
손 잡고 거니는 이들의 웃음이
호수에 내려앉는다

자연은 언제 보아도
아름다움을 간직하고 있는데
사람들아 우리들도
자연을 닮아가자꾸나.

안산鞍山*의 가을

붉게 물든 수목이
바람결에 춤추며
가을을 노래하네

떨어진 잎새들이
발밑에 깔리면서
낙엽 밟는 소리
가을이 익어가네

저녁 햇살은
산자락을 타고 내려와
단풍잎에 머물면서
잎새마다 숨쉬는 소리
아름다워라

잠시 머물다 가는 길이지만
안산 자락을 바라다만 보아도
마음이 맑아지며
쉼을 가져보네.

*서대문구 홍제동에 있는 산으로 높이는 296m. 말 안장의 모양을 하고 있음.

안산의 아침 산책

우거진 숲이 하늘을 가리고
밤새껏 자란 잎새들이
아침 햇살을 받으며
피톤치드를 쏟아낸다

영롱한 이슬 사라지기 전
벌 나비 바삐 날고
산새들 노래하는데
바람결에 춤추는 나뭇가지
아 신선한 공기
도심에서 맛보다니

산 의자에 앉아
시름들 잊어버리고
일어설 줄 모르는데
자연과 하나 된
나를 발견하며
산행을 즐겨본다.

안산 산행

바람결에 실어 나르는
푸른 잎들의 속삭임을 들으며
안산 자락에 오르다 보면
서대문 마을들이
품안에 들어온다

한 걸음 한 걸음 오를수록
시야가 넓어지고
마음의 무게는
가벼워짐을 느낀다

나무 사이를 비집고 들려오는
산새들의 노랫소리
들을수록 상쾌하여라

펼쳐진 골짜기마다
햇빛이 내려앉으면
살아 있는 자연의 숨소리가
들려온다

정상에서 바라보는
장안의 도심은
숱한 사연 속에
소요가 있을지라도
이곳은 고요가 흐르고
내 마음도 평화를 누려본다.

안산에 오르며

도심에 가까워 접하기 쉽고
매일 올라도 싫증나지 않으며
언제나 품어주는 안산 사랑이라

오솔길 따라 오를수록
가벼워지는 마음
걱정도 시름도 잊어버린다

아침 햇살이
나뭇잎에 맺힌 이슬을 걷어내자
바람이 숲들을 쓰다듬네

고요한 산의 숨결 속에서
나를 비우고 맡기다 보면
평화로운 쉼을
나만이 얻는다

정상에 오르면
도심의 아름다움이

산자락 숲들에 둘러싸여
그림처럼 물들고

그 모습을 바라보노라면
고요가 나를 감싸고
안산과 하나 되는
느낌을 가져본다.

늦가을 안산

매일 오르는 안산
소설이 이틀 전에 지나갔는데
안산의 가을 냄새는 아직도 풍겨나고
산속 깊은 곳까지 단풍이 물들어
가을을 노래하네

낙엽은 한 잎 두 잎
바람에 실려
안산 품속에 내려앉고
발끝에 닿는 낙엽 소리
가을을 속삭이며
계절을 전하네

계곡 따라 오솔길 오르면
발길 닿는 곳마다
단풍이 그림 되어
한 폭의 수채화를 그려놓고
내 마음에 내려앉자
나도 가을 향기 속에
물들어가네.

홍제천 폭포

안산 자락의 품에서
쏟아져 내리는 폭포수
은빛 날개를 펴며 떨어지는
물방울의 속삭임은
홍제천 추억을 담아내고 있구나

푸른 나무들 사이로
햇살은 춤추며
조용히 내려앉고
바람은 나무들 스치며
지나간 이야기를
말해주고 있네

너를 찾는 이들에게
지친 마음을 어루만지며
잠시라도 시름을 잊게 하고
자연과 하나 되는
쉼을 주고 있구나.

안성 팜랜드

푸른 들판이
실바람에 춤을 추며
햇살은 초록 위로
부드럽게 내려앉는다

저 멀리
등성에서 시작하여
보이지 않는 곳까지
청보리 물결이
장관을 이루었다

걷고 또 걸어도
끝없는 청보리밭 34만 평
싱싱한 풋냄새가 봄향기 되어
나를 감싸며 내려앉자
마음은 한없이 넓어지고
바람 따라 어디든지
흘러가고 싶어진다

아이들의 웃음소리가
햇빛을 담고
소들의 울음이
들판을 채우며
여기 안성 푸른 땅
팜랜드에서
평온한 하루가
피어나고 있다.

선녀바위

하늘 아래 물결 위로
떠오른 선녀바위
한 자리에서
흘러가는 구름과 대화를 나누며
아침 햇살에 인사를 나누네

전설 속에
선녀가 내려와서
쉬어갔다는 곳
수많은 세월 속에
너를 찾는 사람들을
고이 품어주네

파도를 노래 삼으며
바람이 전해주는
전설의 속삭임에
귀를 기울이다 보면

선녀의 자취가
우리들의 마음속에
잔잔히 흐르고 있네

나는 오늘
영종도의 하루를 채우며
선녀바위 곁에서
마음의 쉼을 얻어보네.

천일홍 축제

일천만 송이 천일홍 축제가
삼만 평 꽃밭을 물들였다
실바람에 나부끼며
퍼져나가는 향내음
너를 마주 대하다 보면
입에서 나오는 말이 시가 되어
사랑을 노래하노라

너를 마음속에 품어보노라면
그을렸던 시름이 멀리 달아나고
한 송이 꽃이 되어
너와 사진을 찍어보노라

나리공원 축제
한나절 동안 거니는 발걸음마다
꽃이 피고
천날이 지나도 지지 않는 그리움처럼
너를 사랑해 보노라.

| 제4부 |

천년의 숲 비자림

도담삼봉

단양8경의 으뜸이
도담3봉이라 했던가
크고 작은 세 봉우리
하늘을 이고
강물을 바라보며
정다운 대화 나누며
수만 년 지내오며
그 사랑 변치 않네

너를 바라보며
수많은 사람들
시인 묵객들의 설레임
헤아릴 수 없으며
노래하고
시를 읊었으리

오늘도
굽이쳐 흐르는
강물과 헤어지면서

무슨 말을 하고 싶을까
도담3봉 사랑은
영원히 변치 않으리.

웅아지골 산장

홍천의 팔봉산 자락
굽이굽이 돌며
강변 따라 계곡 속으로
숲속길 삼십 리

태고적 동산 같은
산장에 들어서면
20년 가꾼 정원과 텃밭

천오백 속 철쭉이
군락을 이루고
그 사이 사이로
금송나무 단풍나무
명자나무 화살나무와
소나무들이 자리를 잡고

각종 꽃나무들이
형형색색
아름다움을 뽐내며 서 있는데

다알리아 비비추
패랭이꽃 맨드라미
사계국화 후죽소
사파리아꽃이 조화를 이루며

텃밭에서는
녹두 팥 고추
가지 토마토
강낭콩에 부추까지
싱싱하게 자란 모습
여기가 에덴동산이 아니더냐.

하조대

지평선까지 하늘이 내려앉고
동해의 바람결에 나무들이 흔들리며
깎아지른 절벽 위로
파도가 하얗게 부서진다

옹기종기 모여 있는 바닷가 바위들이
평화스럽기만 한데
칠십 년이 넘도록 서 있는 철책은
민족의 아픔이던가

훤히 내려다보이는
저 하늘과 바다
산들 속에 숨어 있는 서러움은
어느 때까지 계속될 것인가

아 70년 세월
수많은 사연들이 파도처럼 밀려오면서
몸부림치고 있는 통일의 소리를
주여 들어주소서.

남창계곡

남창계곡 이십리길 숲길 따라
계곡에 들어서면
맑은 물 소리가 길을 열어놓는다

실바람이 수목 사이를 비집고
내 몸에 와 닿는 신선한 공기가
자연과 하나 되는 상쾌함을 준다

손끝에 와 닿는
계곡물의 차가움이
마음의 번잡함을 씻겨주며
오직 자연만이
고요함을 들려준다

가슴을 크게 열자
마음껏 마셔보자
아 싱그러운
남창계곡의 아침이여.

퍼플교

7월에 피는
보라색 라벤더꽃은
아직 피어나지 않았는데
퍼플교 반월도
박지도가
보랏빛으로 옷을 갈아입고
우리들을 맞이하네

보랏빛 하나로
신안을 빛내는 너는
길바닥도 지붕과 집들도
푸드트럭이며
화장실 이정표까지
퍼플 퍼플

퍼플교 나무테크
십리를 걷다 보면
바다물결도 춤추며
갯바람도 상쾌한데

보라색은
눈과 마음을 즐겁게 한다고
온통 보라 세상이 이어졌다네.

증도 여행

지는 석양에 잔물결 반짝이고
잔잔한 파도소리가
증도의 이야기를 속삭이네

동백꽃 붉게 피어나고
목련화 만발한 봄 정취를 맛보며
무공해 증도
발길 닿는 곳마다
아름다움으로 나를 유혹하네

삶의 쉼표를 찍고
찾아오는 증도
자연 그대로의 풍경이여
나는 오늘
증도 사랑을
즐겨보고 있노라.

이수섬에서

귓전에 밀려오는 파도소리에
바다 냄새가 물씬 풍겨온다

바닷가 둘레길을 거닐다 보면
거친 파도가 만들어낸
가지각색 협곡이
발걸음을 멈추게 하네

푸른 물감을 짙게 풀어놓은
바다 색깔이
비취빛 옥을 쏟아놓은 듯

나는 오늘 이수섬에서
바다를 산책하며
자연과 하나가 되어 보았다.

서귀포 첫날

서귀포가 아침을 연다
앞바다 수평선에
구름이 잔뜩 끼어
바다와 구름이 하나가 되었다

바람 한 점 없는
고요한 바다는
잠에서 깨어나지 않은 듯
조용하기만 하다

코로나 팬데믹으로
3년 넘게 찾지 못하다가
제주여행 첫날부터 설레이는 마음
가파도를 찾아가는 80노구이지만
마음만은 중3 소년 소녀들이다

오늘도
주께서 함께하는
즐겁고 복된 시간이 되리라.

가파도 여행

파도에 안긴 작은 섬
바닷바람이 지나가며
제주의 이야기를 나누고 있구나

가파도의 길을 걷노라면
수평선이 손짓하며 속삭인다
섬마을 골목에는 시간이 머물고
코스모스 꽃길에서
바람결에 춤추는 꽃들이 눈부시다

온통 하늘
그리고 바다
가파도에 있는 동안
무공해 공기가 상쾌하고 신선하여라

내가 가파도에 온 것이냐
가파도가 내게 온 것이냐
나는 가파도와 하나 되어
즐거운 시간 가져보았다.

성산 일출봉

새벽 미명에
가로등이 수명을 다한 듯
힘없이 서 있구나

찬바람 스며드는 산길을 따라
한 걸음 한 걸음씩
내딛을 때마다
거친 파도에 부딪히는
절벽의 현무암이
제주의 숨결을 전해준다

성산 일출봉 정상에서
기다리던 붉은 태양이
모습을 드러내자
바다가 붉게 물들고
아흔아홉 봉도
그 빛으로 물들며
신비스러운 아침의 숨결로
다가온다

바람과 파도가
그 부딪히는 소리에
제주가 품은 보물
성산 일출봉
영원한 모습이여
너는 소망의 문을
가장 먼저 여는
제주의 사랑이어라.

성산의 유채꽃밭

성산의 아침 햇살에
파도소리 들으며
춤추는 유채꽃밭이
봄향기를 가득 품었다

끝없이 펼쳐진
꽃밭을 거닐다 보면
걸음마다 향기가 스미며
미소를 머금은 꽃들이
나를 반기고 있구나

꽃잎은 바람에 실려
흩어졌다가 돌아오며
그 속에 담겨진 이야기를 전해 준다

노란 천지로 물들인 이곳에서는
세상 시름 다 잊게 되며
마음속 깊은 곳까지
봄날의 따스함이
어머님 손길처럼 다가온다.

성읍 민속촌

민속촌 마을에 봄이 왔구나
유채꽃 노란 물결이
바람 따라 춤을 추고
매화 향기가
발걸음을 멈추게 하며
동백꽃들이
셔터를 누르게 한다

현무암 돌담길을 걸어가다 보면
제주의 숨결이 들려오고
초가지붕 한 채마다
옛이야기를 속삭인다

느릿느릿한 걸음으로
민속촌 구석구석을 돌아다니다 보면
조용한 품속에서
그 옛날의 제주를 만나볼 수 있고
어제와 오늘의 이야기를 들으며
제주 사랑에 빠져보노라.

천년의 숲 비자림

태고적 모습을 간직한
천년의 숲 비자림이
안개 속에서 깨어나
천년의 숨결이
뿌리 깊이 스며 있구나

파아란 하늘을 타고
쏟아지는 햇빛이
비자림에 내려앉자
피톤치드를 몸으로 감지할 수 있구나

계곡의 바람을 타고
나무 사이로 들려오는
산새들의 노랫소리
상쾌하여라

무공해 비자림을 걷는 걸음마다
자연과 하나 되는 느낌을 받으며

녹색 천지를 이룬 비자림 숲속에서
주님을 찬양하며
경외로움을 고백해 보았다.

문준경 전도사

옥합을 깨트려
주께 드린 생애가
순교의 잔으로
여기 누워
사표가 되었네

연약한 몸으로
비바람 파도
풍파를 이기고
복음 전파에
생명 바친 일생

72개 섬마을 돌며
영혼을 사랑했던
그 열정
일천육백 제자로
신안에 퍼지고 있는
찬송과 기도소리
오늘도 힘차게 들려오네.

| 제5부 |

투병 일기

투병 일기

주사바늘의 고통 속에
항암 약물이 혈관을 타고
온몸을 태울 때
나는 흔들렸다

방사선 치료까지 겹쳐
입안이 헐어
입맛도 잃고
침샘도 마르며
구토가 쏟아지는 고통에
변비와 수면장애까지 겹친 상황을
무슨 말로 표현하랴

내 몸은 점점 허물어져 갔고
일상을 지탱할 수 없는
상태까지 왔었으나
내 영혼의 등불까지
끄지는 못할 것이다

암이란 큰 산 앞에서
작아지지 말자
눈물은 피할 수 없지만
웃음을 찾는 날이 있으리라

그분께서 함께하시고
가족과 친지들이 군사가 되어
기도로 무기를 삼으니
외로운 전쟁이 아니니라

하루하루를 싸워 이기며
내 안에 생명이 더욱 강해지고
생명의 소중함을 절실히 느끼며
암을 이겨낸 승리의 삶으로
기억되게 하리라.

여섯 번째 항암주사

일월의 끝자락에 선
오늘이 항암주사
마지막 날
주사기 끝에 매달린
주사액 한 방울 한 방울이
투명한 관을 타고
내 몸에 스며든다

인내심이 강하다는 나도
참기 어려운 고통이
온몸을 억누르지만
나는 견디고 있느니라
오늘의 고통과 아픔은
내일을 위한 치료의 길이 아니더냐

머리카락이 빠져나가는 대신
내 머릿속에는 강인함이 자리 잡고
몸이 약해진 대신
영혼은 더 강해졌느니라

너는 나를 넘어뜨렸지만
나는 너로 인해
더 단단해졌느니라
아픈 날에도 웃으려 했고
그분을 더 의지하며
기도줄도 더 강해졌느니라

너는 나에게 절망을 속삭였지만
나는 매순간마다 희망을 노래하며
승리의 깃발이
내 심장에서 나부꼈느니라
나는 반드시 승리할 것이며
나의 삶은 더 강해질 것이다
주여 도우소서.

암에서 승리하리라

암이라는 큰 산 앞에
역동적인 삶이 힘을 잃어가고
지친 몸에 떨어지는 의지
평범했던 날들에
누려보던 작은 기쁨도
사라져 버리는가

가장 아픈 것은
몸이 아니라 마음이기에
끝을 알 수 없는
투병의 외로움이
언제나 끝날 것인가

깊은 어두움 속에서
절망을 속삭이며
나를 무너뜨리지만
여기서 밀리면 안 되느니라
새 힘을 내자

그분이 계시지 않느냐
치료하는 여호와가
내 편이니라
치료의 광선 베푸시면
외양간에서 나온
송아지같이 뛰리라

암이 거대한 산이라 해도
그분 앞에서는 모래성이니라
승리의 날을 위해
매순간마다 견디며 이겨내자
암을 넘어 빛으로 밝힐
그날을 위하여.

암과 싸워 승리하기까지

몸안에 숨어들어온
어둠의 씨앗
그 적을 물리치기 위해
50일간의 피나는 전쟁
기도라는 무기를 앞세우고
항암주사와 방사선 치료로
뜨거운 눈물을 흘리며
아픔을 이겨낸 두 달

입안이 마를 땐 제로바액을 살포하고
침샘이 마르면 홍도라지 캔디
식후엔 탄툼으로 가글하면
입천장과 혓바닥의
쓰라림을 참아야 하며
방사선 치료 후에는
스트라타연고를 바르고
항암주사 후에는
아로니아와 밀크씨슬을 복용하고
울렁거리고 구토 증세가 오면
맥페란정으로 다스리고

통증이 오면 타이레놀로 대항하며
소화가 안 될 때는 모티리톤정
변비에는 미락실정
칫솔은 가장 부드러운 메디안으로
치약도 화학성분이 없는 카레치약
비누도 유아용 네이처 러브메러로
로션도 유아용 제로이드 인텐시브로션
머리칼이 빠지는 증세는 약도 없으며
불면증으로 밤을 지새우다 보면
아침에 일어나도 몽롱한 상태
아 항암치료가
그 얼마나 어렵던가

끝내는 승리했노라
종양이 사라지고
통증도 멈추어
타이레놀을 끊었으며
MRA CT 촬영에서
암이 사라졌다는
종합 진단이 나왔느니라

너는 나를 절망으로 내몰았지만
나는 치유의 확신을 소망하며
내 마음속에
강철 같은 의지가 자리 잡고
승리할 수 있다고
수없이 부르짖으며
이겨냈느니라

나는 다시 태어나듯
내 삶을 뜨겁게 사랑할
준비가 되었느니라
나는 오늘
주님의 은혜로
승리의 개가를
부르고 있노라.

영원한 대신교단

일어나라
빛을 발하라
2024년도
찬란한 태양이
온누리에 비쳐온다

이만 팔천 동네에 가서
우물을 파라
대신의 사명이요
기도 제목이며
전도와 선교의
명령이었느니라

칠천 동문이 하나 되어
수도권을 넘어
삼남 제주에 이르고
땅끝까지 이르러
우물을 파며 세운 교회들

주님께 충성
타인에게 겸손
자신에게 진실하라는
교훈을 지키며
숨가쁘게 달려온
60년 세월의
목양일념이라

흩어지고 나누어진
아픔도 있었지만
수원에 세운 총회회관은
우리들의 꿈이요
새 일을 위한
동력과 힘이 되었느니라

60년을 넘어
100년 대계를 향한
비전과 꿈도
여기 있노라

2024년을 시작하며
새롭게 다짐하는
새 출발의 결의가
대신 중흥의 원년이 되어
주 영광으로 이루어지리라

대신이여
영원하리라.

대한신학 32회 졸업 43주년 잔치

평생을 몸 바친
목양세월
아!
43년, 32회
109명의 생애는
피와 눈물과 땀으로 얼룩진
목양일념의 길이어라

이 길은
기도와 신앙으로 이겨낸
생명의 길
십자가 지고 갔던
골고다의 길
성령의 도움과
주께서 함께하셨기에
달려갈 수 있던 길이기에
지나온 43년을 감사하며
축제로 모여
주님께 영광을 드리네

주님께 충성
타인에게 겸손
자신에게 진실하라는
교훈 따라
이만 팔천 동네에 가서
우물을 파라

그 명령 지키며
충성했던 종들
소천한 자도 있고
은퇴한 자도 많으며
아직도 현직에
쓰임 받고 있는 모습이
참으로 장하도다

선한 싸움 싸우며
달려갈 길을 마치고
믿음을 지켰다는 고백이
바울 같게 하시고

주님 맞을 그날을 고대하며
새 일을 일구며 살아가는
대신 32회 동문이여
주님께 영광이어라.

우붕해* 집사님 영전에 드리는 조시

인천시민 300만 명 중 최고령으로
107세를 향수하시다가
하늘나라 별이 되신
우붕해 집사님 영전에
삼가 조시를 드립니다

일제강점기
험난했던 그 시절
슬기롭게 잘 넘기시고
6.25 한국전쟁 중에도
사선을 넘나드는
고비 고비마다 지켜주신
주님께 감사하며
꿈속에서도 그리운
고향 황해도 옹진
고향 하늘 바라보며
통일을 노래하던
아 70년 세월

일찍이 예수를 영접하시고
천국백성으로 살아가신 것
주님의 크신 은혜입니다
사랑하는 아드님을 성직자로
주께 드릴 때
얼마나 감사하며 감격하셨습니까?
성직자 아드님에게
반말을 하지 않고 존댓말을 쓰셨던
온유하고 겸손하신 성품이
오늘따라 높아 보입니다

부지런하시며
근검절약을 생활신조로 삼으시고
남에게는 작은 불편도 마다하신 큰 어르신
생각은 항상 곧으셨고
주장은 늘 똑바르며
경우도 깍듯하신 데다
진실하고 정직했던 그 모습을
다시는 볼 수 없으니 안타깝습니다

육체의 장막이 무너질 때
주께서 예비하신 하늘나라
영원한 집이 있기에 주님께 영광드립니다
주께서 호령과 하나님의 나팔소리로
재림하시는 그날
손과 손을 마주잡고
다시 만날 그날이 있기에
이별 속에서도 소망을 가져봅니다
이제는 고통과 수고
세상염려 다 내려놓으시고
주님 품에 영원히
안식을 누리소서.

*우붕해 집사는 우원근 목사의 부친.

| 작품 해설 |

실낙원에서 복낙원에 이르는 간극 間隙

김지원
시인, 전 한국크리스천문학가협회장

실낙원에서 복낙원에 이르는 간극間隙

김지원
시인, 전 한국크리스천문학가협회장

1.

인간의 비극은 범죄로 인하여 하나님의 형상을 상실함으로 시작된다.

그러나 인간의 희망은 상실한 형상을 회복함으로 완성된다. 따라서 성경에는 두 사람의 아담이 등장하는데, 첫째 아담은 창세기에 등장하는 인류의 조상으로서 아담이자 불순종의 죄를 범한 자요, 또 다른 아담은 신약에 등장하는 아담이니 첫 번째 상실한 하나님의 형상을 회복하는 메시아다.

창세로부터 시작된 인류 역사의 대서사시는 3단계로 반복하며 이루어지는데, 범죄와 심판 그리고 회복이니 곧 복낙원에 이르는 구원의 역정歷程이다.

즉 인간이 범죄함으로 상실한 모든 것, 곧 사랑과 기쁨과 희락과 행복 그리고 진실함과 거룩함을 되찾는 것이니 구원의 은총이다. 노아의 홍수 심판 중에도 노아의 8식구를 통하여 의의 후사로 삼은 것이요, 바벨탑 사건을 통하여 언어를 혼잡케 하는 심판 이후 오순절 마가의 다락방에 임하였던 불의 혀 같은 성령 강림의 역사를 통한 언어의 회복이 바로 상실한 형상을 되찾는 것이다.

이렇듯 성경은 구원의 대서사시로 순환되는 문학의 교과서이다. 따라서 기독교문학이 지향하는 바도 위와 같은 동일선상에서 이해해야 하는 것이라 할 수 있으니 곧 타락한 언어를 에덴의 언어로 회복시키는 것이다.

2.

물아일체物我一體란 나와 시적 대상이 하나 되는 것이요, 나와 사물의 경계가 구분되지 않은 나를 잊는 몰입의 경지다.

장태봉의 작품에서 공통적으로 발견되는 특징 중 하나는 나와 사물을 일치시키는 방법이다. 특별히 여행시인 「선녀바위」, 「안성 팜랜드」, 「남창계곡」, 「가파도 여행」, 「이수섬에서」 등에서 두루 나타나는 현상인데, 사소한 것에도 쉽게 감동할 수 있는 것들은 어떤 면으로 보면 순전한 감수성일 수도 있고 태생적 친화력으로 이해할 수도 있을 것이다.

(전략)
실바람이 수목 사이를 비집고
내 몸에 와 닿는 신선한 공기가
자연과 하나 되는 상쾌함을 준다
  -「남창계곡」 둘째 연

(전략)
내가 가파도에 온 것이냐
가파도가 내게 온 것이냐
나는 가파도와 하나 되어
즐거운 시간 가져보았다.
  -「가파도 여행」 마지막 연

(전략)
나는 오늘 이수섬에서
바다를 산책하며
자연과 하나가 되어 보았다.
  -「이수섬에서」 마지막 연

상기와 같이 그가 자연과 쉽게 몰입하는 것은 전기한 바대로 여린 감성과 단순성을 생명으로 한 신앙이 바탕에 깔려 있기 때문인 것으로 풀이된다.

단순한 여행시의 범주를 떠나 성지순례 시에서도 나타나는 바는, 수천 년 시간과 공간의 벽을 뛰어넘는 현재와 과거를 동일한 시제로 바라본다는 점이다. 물론 이것은 자연과의 합일을 지나 전적으로 전능자에 대한 신앙고백 때문이라는 사실로 쉽게 이해할 수 있으리라 생각한다.

(전략)
삭게오를 구원시키시고
바디매오의 눈을 뜨게 하신 당신의 사랑이
아직도 여리고에 머물러 계시고,
순례자 서른세 명
당신의 숨결 소리 들으며
첫날 밤부터 임마누엘 함께하시네
　　　　　　　　　　－「여리고」둘째 연

그리고 그는 상기한 시 「여리고」 넷째 연에 이르러서는,

아무든지 나를 따라오려거든
자기를 부인하고
자기 십자가를 지고 나를 따르라
분부하신 명령 앞에
아멘으로 화답하겠습니다.

라고 끝을 맺는다. 이러한 유형의 시들은 주로 성지 순례에서 나타나는 보편적인 것들로, 시공을 초월한 대상과의 일체감으로 신앙고백의 의미를 점증시키고 있으며 현장감을 더하고 있다. 무려 2천 년 이상의 시공의 벽을 뛰어넘고 있다. 그리고 구약의 배경이 되었던 공간에서는 그 이상의 세월을 거슬러 올라가 마치 현재를 마주하고 있는 모습으로 나타나고 있다.

(전략)
이곳에서 건져낸 모세가
당신의 뜻을 이루시듯
우리를 건져주소서
말씀의 능력으로 채워주시사
당신의 도구로 삼아주소서
　　　　　-「나일강」셋째 연

물론 성지순례 시에서뿐만 아니라 일반적인 시에서도 전능자의 숨결을 느낄 수 있다는 것은 그의 삶과 신앙고백이 일치점을 갖고 있다는 점에서 진정성을 느낄 수 있을 것이다.

3.

그의 시적 관심은 다양하다. 수록된 시들의 면면을 살펴보면 여행, 라이딩, 등산, 추모, 행사, 고향 친구, 어머니에 대한 기억 그리고 암과의 투병 생활을 보낸 이야기 등을 그려내고 있다.

그런데 그 시편들 속에 한결같은 공통분모를 가지고 있으니 그것은 저변에 깔린 절대자에 대한 신앙이다. 그리고 특별히 「투병 일기」, 「여섯 번째 항암주사」, 「암에서 승리하리라」 등 일련의 투병 일기 가운데는 결연한 신앙의 의지를 불태우고 있다.

이렇듯 그의 성향은 적극적이고 악한 영들에 대해 승리하고자 하는 검투사와 같은 승부욕을 보여주고 있다고나 할까. 그리고 벌써 팔십을 넘긴 그가 그린 어머니에 대한 사모곡은 시적 형상화가 잘 표출되어 있다.

"작은 바람 소리에도/생각나는 어머님 얼굴/멀리서도 느껴지는 그 온기와/사랑의 손길/시간이 흘러도 변함이 없네"라는 부분이 절절히 가슴에 와 닿는다.

아카시아꽃 피는 오월이 오면
뻐꾸기 소리에 실려
날아온 향기 맡으며
어머님 생각에 잠겨본다

작은 바람 소리에도
생각나는 어머님 얼굴
멀리서도 느껴지는 그 온기와
사랑의 손길
시간이 흘러도 변함이 없네

어머님 품은
영원한 안식처가 되고
쉼터가 되네
오늘도 어머님 사랑 그리워
고향으로 흘러가는
뭉게구름 편으로 문안드린다

기체후 일향만강하소서.
        −「어머님 생각」 전문

우수 절기에 봄비 맞으며
나무에 물오르는 소리
들리지 않았던가

대지도 기지개를 켜고
매화향기 맡으며
목련화 활짝 핀
꽃을 볼 날도 멀지 않았는데

폭설로 나뭇가지가 휘어지면서
물오르다 멈춰 버린 모습

아, 봄은
어디까지 왔을까.
        −「봄은 어디까지 왔을까」 전문

 상기의 시편 「어머님 생각」과 「봄은 어디까지 왔을까」는 따뜻한 체온과 망중한忙中閑의 그리움을 느낄 수 있는 작품들이다.

이미 첫 시집을 상재한 지 3년이 경과한 시점에서 다시 그는 적지 않은 분량의 시편들을 선보이고 있다. 이는 태생적 열심일 수 있고 아니면 쓰지 않고는 견딜 수 없는 충동일 수도 있다.

　그러나 그런 것들은 그다지 중요하지 않다. 튀르키예(터키)의 시인 '나짐 히크메트'가 「진정한 여행」에서 말하듯 "아직 부르지 않은 훌륭한 노래를 마음속에 꿈꾸고 있는지 모르기 때문"이다.

하늘 사역

초판 1쇄 발행 2025년 8월 5일

지은이 | 장태봉
만든이 | 이한나
펴낸이 | 이영규
펴낸곳 | 도서출판 그린아이

등록 연월일 | 2003. 12. 02.
등록 번호 | 제2-3893호
주소 | 서울특별시 은평구 녹번로 6-11, 201호
전화 | 02)355-3035 팩스 | 031)965-4679
이메일 | gmh2269@hanmail.net

ⓒ장태봉, 2025

책값은 뒤표지에 있습니다.
잘못 만들어진 책은 바꾸어 드립니다.
무단 전재 및 복제를 금합니다.

ISBN 979-11-91376-55-5(03810)